専門家たちが語る 防災意識を高める本 2
豪雨と水害

著・稲葉茂勝 子どもジャーナリスト
編・こどもくらぶ

巻頭特集

大規模な自然災害発生！
いちはやく被災地に向かうのは？

緊急災害対策派遣隊 TEC-FORCE

平野さんは、国土交通省九州地方整備局の「ブルーホークス」というドローン部隊に所属しています。災害が発生したらただちに被災地におもむき、ドローンで上空から被災状況を撮影。被災した自治体や災害対策本部に情報を送ります。上空からの調査は、ヘリコプターによることが多いですが、近年は、危険な場所でもきめ細かく調査できるドローンが大活躍！ ドローンは、動画の撮影だけでなく、災害現場の距離や面積、くずれおちた土砂の体積などの三次元データを取得することができます。これらの情報をもとに、早期復旧に向けてどうしたらよいかの方針を決めたり、二次災害防止のための対策を立てたりします。

▲ドローンのフライトプランを確認する隊員たち。

右ページを先に読んでください。

「第一歩」と書いたプレートを見せる平野さん。

◀崩落した土砂の状況を調べるドローン（2017年九州北部豪雨）。

「TEC-FORCEとは、なんですか？」の問いに対して、ひとりの国土交通省職員が「第一歩です」と答えました。TEC-FORCE隊員の平野礼さんです。平野さんはいちはやく被災地におもむき、ドローン（→p30）を飛ばして災害の状況確認を担当します。TEC-FORCEは、災害現場へ出動して、被災地の状況を把握し「復旧・復興に向けた第一歩」をふみだすのが任務です。災害現場の最初の確認作業にドローンが活躍しているの!?　と、おどろく人も多いのではないでしょうか。この本の巻頭特集は、平野さんの活動を紹介しましょう。

平野さんが所属する九州地方整備局は、国の機関としては、はじめて航空局に講習団体として認定され、資格取得制度を設けています。平野さんもこの制度により、ドローンを操縦するようになりました。平野さんは、右のように話しています。

▼ドローンで撮影した、佐賀県を流れる六角川流域の洪水（→p16）被害のようす。記録的な大雨により川が氾濫し、多くの田畑や民家が冠水した（2021年8月）。

「わたしたちブルーホークスは、平成26年の発足以来、数千時間のフライトをしていますが、これまで無事故でフライトをしているところがいちばんの誇りです。ドローンによる調査は、災害発生直後におこなうため、どのような危険が現地にあるかわかりません。そのため3人以上をひとつのチームとして、年齢・役職にかかわらず、対等に意見交換できるようなチームづくりを心がけています。また、被災地ではかぎられた時間で、どこからどのように飛行し調査するのが有効かをフライトプランとして組み立てる能力も求められます。安全にかつ有効な撮影を被災地でできるよう、日ごろから実際の現場に見立てた場所で模擬訓練をおこなうなど、人材育成に力を入れています」

3

TEC-FORCE についてもっと知ろう！

TEC-FORCEは、台風や豪雨、地震など、あらゆる自然災害の現場へかけつけて、災害の調査をしたり、復旧に向けた技術的な支援をおこなったりする部隊です。

TEC-FORCEのTECは、technical（技術的）の意味。FORCEは、「部隊」そして「力」という意味もあり、災害現場の復旧に向けて技術の力を発揮しています。ドローンも「技術の力」！

TEC-FORCEの隊員たちは、ふだんは道路や河川、ダム、港、空港などの整備や維持管理の業務をしています。ひとりひとりがインフラ（→p30）や、防災のプロフェッショナルです。

気象や地理情報の専門家もいます。そうした隊員が、2024年4月時点で全国に約1万7000人います。そのためTEC-FORCEは、災害の発生時に的確な支援ができます。

自然災害は、被害が大規模になると、それぞれの自治体だけで対応するのは困難な場合があります。そうしたときに、TEC-FORCEに出動要請がきます。TEC-FORCEの隊員たちは、被害の場所や規模の調査、大雨で浸水したエリアの排水、通行止めとなった道路の応急復旧などに取りくみます。

▲TEC-FORCEが自衛隊員や自治体職員たちと一丸となって被災状況を確認しているようす。

これまでTEC-FORCEは、東日本大震災（2011年→1巻）や山口・島根豪雨（2013年）、熊本地震（2016年）、九州北部豪雨（2017年）などの災害に派遣され、被災地の復旧にあたってきました。

▲災害現場にかけつけた隊員たち（2013年 山口・島根豪雨）。

◀土砂災害の現場へ向かい、状況を現地で調査（2017年九州北部豪雨）。

巻頭特集

ここでTEC-FORCE隊員をもうひとり紹介します。中部地方整備局越美山系砂防事務所の樫野誠さんです。

樫野さんの専門は、砂防。「砂防」とは、斜面の土砂がくずれるのを防いだり、土砂災害から命やくらしを守るためにおこなわれる工事やしごとをいいます（→p19）。大雨や地震などで山の斜面がくずれ、くずれた土砂による土石流（→p19）が発生すると、家屋が倒壊したり、たくさんの人命や財産をうばう被害が起きたりします。

樫野さんは、災害現場に着くとすぐに、土砂の崩落状況などの確認をおこないます。その際、ドローン部隊が上空から撮影した動画・写真を役立てながら対応策を考え、被災自治体の担当者などへ助言するのが樫野さんの役割です。

樫野さんには、日ごろどんなことを感じながらしごとをしているか、話してもらいました。

▲「技術的な支援を通じて、被災地域の方がたの力になりたい」と話す樫野さん。

▲災害現場に緊急監視カメラを設置する（2021年7月1日からの大雨）。

「被災地では、日常の業務のように豊富な情報にもとづいた判断はむずかしいです。多くの機関が一斉に被災地に入るため、情報も錯綜します。わたしは、日ごろから『自発的自己完結』が重要であると考えています。被災地でも基本は、報告・連絡・相談です。そのうえで、被災地には、どのような問題があり、それに対して、どのような対処をすべきかについて、自らが自発的に動き、組織をこえて、関係者といっしょになって対策を導きだすことが重要であると考えています」

もっとくわしく
多くの地点で降水量の観測史上1位を更新した「令和元年東日本台風」とTEC-FORCE

2019年10月に発生した「令和元年東日本台風（台風第19号）」は、静岡県や新潟県、関東甲信地方、東北地方の多くの地点で降水量の観測史上1位を更新する大雨を記録。河川の氾濫（→p17）があいついだほか、土砂災害（→p18）や浸水が発生。このときTEC-FORCEは、台風上陸前から排水ポンプ車を各地の河川周辺に配備し、浸水被害に備えた。実際に災害が発生すると、すみやかに排水活動を開始。浸水被害の拡大にともない、ポンプ車の台数を増やし（最大時には全国から約200台が集結）、24時間体制で排水作業をおこなった。この際には、被害状況の確認をするために、ドローンのほか、防災ヘリコプターなども出動させ、河川や道路の被害調査を広く詳細に実施した。

令和元年東日本台風出動人数 のべ30513人

はじめに

日本は、世界でも災害がとても多い国です。それも地震、台風、火山噴火など、さまざまな災害におそわれます。「災害列島」とよばれているほどです。

その日本にくらすわたしたちは、災害から命を守るために常日ごろから、いつ・どこで起こるかわからない災害に備えておかなければなりません。

政府や災害の専門家は、つぎのようにいっています。

> ● 南海トラフ周辺で今後M（マグニチュード）8.0〜9.0の巨大地震が発生する確率は、10年以内では「30％程度」、30年以内では「70〜80％程度」、50年以内では「90％程度もしくはそれ以上」（地震調査委員会、2024年1月）。
>
> ●「過去10年間に約98％の市町村で水害・土砂災害が発生した」「地下空間の利用が進んでいる大都市の駅前周辺等では、地下施設への浸水被害が生じるなど、水害リスクが高まっている」（国土交通省）。
>
> ●「富士山は、いつ噴火しますか？」といった質問に対し、専門家の先生が「いつ噴火するか、予測するのはとてもむずかしいです。人がいつかぜをひきますか、という質問と少しにています」と、答えた（吉本充宏さん→3巻p2）。

このような話は、みんなも聞いたことがあると思いますが、多くの人は、つぎのように感じているのではないでしょうか？

「自分には関係ない」　「まだだいじょうぶ」　「心配してもしょうがない」

しかし、そういっているうちにいまにも、災害がおそってくるかもしれません。

そういわれても、みんなの防災意識は高まらないのが現状です！！

「防災意識」とは「災害に対して日常的に自らが被災することや備えが必要だということを、どの程度わかっているか、また、自分や周囲の人の命や財産、地域を自分たちで守らなければならないことを、どれほどわかっているか」をさす言葉です。

　では、政府や各方面の専門家が、いくら災害の危険性を警告しても、みんなの防災意識が一向に高まっていかないのは、なぜでしょうか？　どうしたらよいのでしょうか？
　ぼくたちは、こう考えました。

　防災意識の高い人たちが、個人的にどう感じて、どう災害に備えているかを、みんなに知ってもらえば、「自分たちも同じようにしなければならない」と、思うようになるのではないか。専門家といっても、個人の考えや意見を直接聞くことができれば……。ぜひ、個人的な考えをお聞きしたい！
　そうしてつくったのが、全3巻のシリーズです。

　　　①地震と津波　　②豪雨と水害　　③火山と火災

さあ、このシリーズをしっかり読んで、みんなでいっしょに防災意識を高めていきましょう。いますぐ！　自分の命とくらし、地域を守るため！

子どもジャーナリスト　稲葉 茂勝
Journalist for Children

もくじ

巻頭特集 **大規模な自然災害発生！ いちはやく被災地に向かうのは？** … 2

● 緊急災害対策派遣隊 TEC-FORCE … 2

● TEC-FORCE についてもっと知ろう！ … 4

はじめに（子どもジャーナリスト 稲葉茂勝） … 6

もくじ … 8

この本の使い方 … 9

台風・豪雨による災害

1 ① 台風のこわさを知ろう … 10

● 強い風雨をもたらす台風 … 10

● 台風が強くなっている？ … 11

● 局地的大雨と集中豪雨　● ゲリラ豪雨 … 12

1 ② 台風・豪雨に関する防災のようすを見てみよう！ … 14

● 気象観測と天気予報 … 14

● 「これまでに経験したことのないような大雨になる」 … 14

● 防災気象情報とは … 15

豪雨から生じるいろいろな災害

2 ① 川の氾濫や土砂災害のおそろしさ … 16

● 豪雨災害とは　● 洪水とは … 16

● 氾濫の種類　● 内水氾濫と都市型水害 … 17

● 土砂災害 … 18

2 ② 水害の防災のようす … 20

● 「流域治水」という考え方 … 20

● 国土交通省の「川の防災情報」 … 21

● 水害から身を守るために　● 家族の防災行動計画を考えよう … 22

首都圏外郭放水路 … 23

防災現場の最前線で働く人からのメッセージ

3 気象庁 大気海洋部 気象リスク対策課　大塩早也香さん … 24

国土交通省 江戸川河川事務所　黒木和音さん … 25

東京消防庁 即応救助隊員　池延 司さん … 26

防災科学技術研究所 社会防災研究領域災害過程研究部門　池田真幸さん … 27

日本気象協会 社会・防災事業部　平松信昭さん … 28

自然災害伝承碑を調べてみよう … 29

用語解説 … 30

さくいん … 31

この本の使い方

この本は、もくじからわかるとおり3つの段階で構成しています。
この3段階を意識して読んでいきましょう。

災害について正しくこわがること

写真や図を見て、災害のおそろしさをしっかり確認してください。そして、ただこわがるだけでなく、正しい知識をつけることで「正しくこわがる」ようにしましょう。

防災現場を見てみよう

防災現場で働く人たちのようすを見て、その人たちが日々どのようにして防災につとめているかを理解してください。かれらは、防災のプロたちです。

防災現場で働く人たちの話を聞こう

防災現場で働く人たちが、災害についてどう考えているか、また、みんなへのアドバイスを話してくれました（巻頭と24～28ページに掲載）。しっかり耳をかたむけ、みなさん自身の防災意識を高めていきましょう！

1 台風・豪雨による災害

① 台風のこわさを知ろう

まずは、毎年日本に必ずやってくる台風について見てみましょう。台風は、記録的な豪雨や強風をもたらします。ときには、人や家に被害がおよぶほどの大きな風水害を引き起こします。

強い風雨をもたらす台風

台風の中心には、ほとんど雲のない「目」があります。この目を取りかこんでいるのは、「目の壁雲」という巨大な雲の壁です。これは、たくさんの積乱雲（→p13）が集まったものです。

台風の目のまわりでは、反時計まわりに強い風がふいています。外側から目に近づくにしたがって、風は強くなります。風速が秒速25m以上の部分を「暴風域」、秒速15m以上の部分を「強風域」といい、天気予報などではそのはんいを円であらわします。

台風は、このような強風に加えて、大雨をもたらします。これまで日本で記録された風速や1日にふった雨の量の第1位から第10位までは、いずれも台風によるものでした。台風は異常なほど強い風雨をもたらすのです。日本では、毎年のように、台風で農作物がいたんだり、豪雨のための洪水（→p16）やがけくずれ（→p18）が起きたりする被害が出ています。

▲沖縄県周辺は、ちょうど台風の通り道になっているため、接近・上陸数が多く、暴風、豪雨などの被害を受けやすい。

もっとくわしく

台風

台風は巨大な空気のうずまきになっており、地上付近では上から見ると反時計まわりに強い風がふきこんでいる。また、台風は、進行方向に向かって右側では、台風自身の風の力と台風を動かす風の力が合わさって風速が増し、逆に左側は逆向きの力になるので、右側にくらべると風速が小さくなる。

台風が強くなっている？

　いま、地球の気温は、どんどん上昇しています。これが、地球温暖化（→p30）です。大気中の二酸化炭素には、地球の表面から熱が宇宙ににげていこうとするのをさえぎる性質があります。

　また、気温が上昇すると、大気の水蒸気の量が増えます。水蒸気は雨のもとであり、台風のエネルギー源です。

　そのため、地球温暖化がこのまま進むと、気温が上昇するだけでなく、強い台風の割合や極端な豪雨なども増えるといわれています。そして水害も増加することはまちがいありません。

▲2010年にフィリピンをおそった台風第13号により、ふきとばされる屋根。

もっとくわしく

台風の名前

　台風のよび方は、国ごとにことなる。日本では現在、毎年1月1日以後に最初に生まれた台風を「第1号」とし、それから発生順に番号でよぶ。

　ただし、2000年からは、日本をふくむ14の国と地域が加盟している「台風委員会」で共通する「アジア名」をつけるようになった。アジア名は、加盟している14の国と地域が各10個ずつ提案した名前の計140個のなかから命名されることになっている。上の写真の台風第13号は、アジア名が「メーギー（Megi）」（ナマズの意味）で、命名国は韓国。また、被害が大きかったフィリピンでは、独自に「フアン（Juan）」とよんだ。

▼写真中央から左の大きな雲の下では、ゲリラ豪雨が発生している（東京都）。

局地的大雨と集中豪雨

「局地的大雨」とは、かぎられたはんいで、短時間に数十mmの雨がふることをいいます。一方、「集中豪雨」は、数時間以上にわたって強い雨がふりつづき、せまいはんいに数百mmもの雨量をもたらす大雨のことです。どちらも積乱雲によって引き起こされ、さまざまな水害をもたらすので、厳重な注意が必要です。

ゲリラ豪雨

最近では大都市を中心に、あちらこちらで短い時間にとてもはげしい雨がふる「ゲリラ豪雨」（→右ページ）とよばれる現象が起きています。大都市の場合は、夏の冷房などにより建物から出される熱や、舗装された道路から反射した熱が、上昇気流を発生させ積乱雲へと成長し、ゲリラ豪雨を起こしていると考えられています。

台風・豪雨による災害

もっとくわしく
ゲリラ豪雨・線状降水帯

少し前からテレビや新聞などで「ゲリラ豪雨」という用語が使われてきた。だがこれは、正式な気象用語ではなく、マスコミがつくった言葉。戦争で奇襲攻撃をする「ゲリラ」のように、突然おそってくる豪雨のこと。気象庁では「集中豪雨」や「局地的大雨」といっている。

一方「線状降水帯」は正式な気象用語だが、専門家以外は知らなかった。一般に知られだしたのは、2014年8月の広島県で発生した集中豪雨からだとされる。「にわか雨」や「夕立」も、局地的で短時間にふる強い雨だが、集中豪雨より短く雨量も少ないので、集中豪雨とはよばない。

もっとくわしく
積乱雲

「積乱雲」とは、巨大な山や塔のように、垂直に高くもりあがった雲のこと。「入道雲」ともよばれ、その高さは十数kmにもなる。

積乱雲は、発達すると、はげしく大量に雨をふらせるため、豪雨をもたらす。下の図は、雲が発生し、局地的大雨になるまでのようす。

● 雲の発生から局地的大雨の発生まで

雲の発生
大量の水蒸気をふくんだ、あたたかくしめった空気が上昇し、雲ができる。

積乱雲へと成長
雲は、上昇するときに、まわりから空気をすいこみ、上昇気流を発生させるので、急激に、より高く上昇していき、積乱雲へと成長する。

局地的大雨の発生
上空で冷たい空気に冷やされた雲は、そのなかで氷のつぶをたくさんつくり、それらが次第に落下することで大量の雨となり、局地的大雨が発生。

1 ② 台風・豪雨に関する防災のようすを見てみよう！

ここからは、台風・豪雨による災害を防止・軽減するために24時間365日、気象の観測・監視をおこない、警報や注意報を発表する「気象庁」の現場を見てみましょう。

気象観測と天気予報

気象庁では、全国約60か所の気象台・測候所や全国約1300か所に設置された地域気象観測システム「アメダス（→p30）」などによって、気圧・雨量・気温・湿度・風向・風速などの観測をおこなっています（地上気象観測）。

また、気象レーダーによる雨や雪の観測のほか、観測機器を積んだ気球を放つ「ラジオゾンデ観測（→p30）」も実施。これらのデータをもとに、スーパーコンピュータを駆使して未来の気象状況を予測しています。大雨などの悪天候が予想される場合は、警報や注意報を発表し、注意をよびかけます。

「これまでに経験したことのないような大雨になる」

上の言葉は、気象庁が近年用いている大雨についての表現です。2011年に紀伊半島をおそった台風第12号＊による大雨の際に、この表現がはじめて使われました。一般の人たちに避難の必要性を強くうったえかけるため、このような表現を用いたといいます。

▲大雨特別警報の発表後に記者会見をおこなう気象庁の職員。

特別警報は、数十年に一度の大雨が予想される場合に発表されます。さらに豪雨が近づいてきたり、すでにはじまっていたりすると、なんらかの災害がすでに発生している可能性が高いため「ただちに身の安全を確保しなければならない状況」という表現が使われます。気象庁では、このようにして災害発生の危機感を広く伝えているのです。

＊記録的大雨により死者・行方不明者98名、負傷者113名の甚大な被害をもたらした。

台風・豪雨による災害

防災気象情報とは

「防災気象情報」は、さまざまな気象による災害から身を守るために、気象庁が発表している情報のことをいいます。

下は、台風や大雨の際に具体的にどのような情報が発信されているかをまとめたものです。

●台風情報
台風や発達する熱帯低気圧の位置、進行方向・速度、中心気圧、最大風速などの実況と24時間先までの予報を3時間ごとに発表し、それより先の5日先までの予報を6時間ごとに発表する。

●気象警報・注意報
大雨や暴風などによる災害の防止・軽減のため、特別警報・警報・注意報・早期注意情報を発表している。

●「キキクル」（危険度分布）
土砂災害や浸水、洪水といった雨による災害の危険度を地図上にリアルタイムで表示。危険度は5段階に色分けされ、警戒レベル3に相当する「赤」では、高齢者などが避難を、警戒レベル4に相当する「紫」では全員が避難することが望ましいとされる。

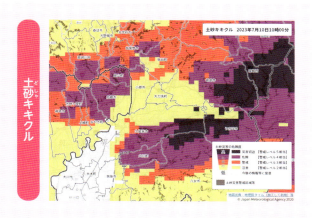

土砂キキクル

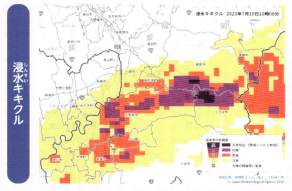

浸水キキクル

洪水キキクル

もっとくわしく

雨雲の動きを観察

気象庁は、雨雲の動き・雷・竜巻に関する1時間先までの予報をホームページで公開している。屋外で活動する場合は、ホームページで雨雲の動向などを確認し、事前に備えることができる。

▶画面上部の時間帯のめもりで、知りたい時刻を設定する。

2① 豪雨から生じるいろいろな災害
川の氾濫や土砂災害のおそろしさ

豪雨によってもたらされた大量の雨水は、一部は地中にしみこみますが、しみこまなかった雨はどうなるのでしょう。地中にしみこんだ雨が災害の原因となる場合があります。どういうことでしょうか？

豪雨災害とは

「豪雨災害」とは、はげしく大量にふった雨によって、もたらされる災害のことをいいます。大きくわけると、「洪水」のような水による災害と、土砂の移動によって起きる災害（→p18）の2つがあります。

洪水とは

「洪水」は、川を流れる水の量が急に増え、水位が異常に上昇する現象のことです。

洪水の原因は、おもに大雨と雪解け水。流域（→p20）にふった雨や雪解け水が川に集まり、水かさが増します。

▲令和元年東日本台風では、福島県郡山市の逢瀬川で洪水が発生。自衛隊隊員による救助活動がおこなわれた（2019年）。

氾濫の種類

　川の水が増えて堤防の外側にあふれでることを「氾濫」といいます。住宅地を水びたしにする氾濫には、大きくわけて2種類あります。

　ひとつは、川の水があふれて住宅地などに流れこむタイプの氾濫で、「外水氾濫（洪水）」といいます。もうひとつは、川の水があふれていないにもかかわらず、住宅地などが水びたしになる氾濫です。これを「内水氾濫」といいます。

内水氾濫と都市型水害

　内水氾濫は、平らなところに強い雨がふると、すべての雨が地中にしみこむのではなく、地表にたまることで起こります。それらの水は低いところに流れこみ、水路や小さな川をあふれさせたり、道路や家屋、田畑などが水をかぶる冠水を引き起こしたりするのです。

　内水氾濫のなかでも都市部で起きるものを、とくに「都市型水害」とよんでいます。

　山林、草地、田畑などでは、雨水を地表面上に一時的にたくわえ、地中にしみこませることができますが、道路が舗装されている都市部では、雨水が地表面上にたくわえられることなく、低いところに流れこみ、排水溝や下水道、小さな川をあふれさせます。

▲秋田県大仙市の淀川が氾濫したようす。流域では、広いはんいにわたって浸水被害があった（2017年）。

▲鉄道や道路の下の地下道（アンダーパス）は、冠水しやすい。自動車で通行する際は、要注意。

もっとくわしく　高潮とは？

　台風が陸に接近したり、上陸したりすると、海面の水位が上がり、海水が陸に流れこみ、人や家に被害が出ることがある。それが「高潮」だ。また、高潮は、台風以外の低気圧でも起きる。だが、災害を引き起こすほどの大きな高潮の原因となるのは、ほとんどが台風だ。

▲2004年、台風による高潮で浸水した香川県高松市内のようす。

土砂災害

　台風による豪雨や地震などが引き金となって、山やがけがくずれたり、水とまじりあった土や石などが川から流れだしたりする災害のことを「土砂災害」といいます。

　「土砂災害」は、土砂の移動のありさまにより、「がけくずれ」「地すべり」「土石流」に分類されます。それぞれどのような現象で、どのような被害をもたらすのか、見てみましょう。

■ がけくずれ

　がけくずれは、急な斜面が突然くずれおちる現象のことです。大雨がふりつづくことで、地中にしみこんだ大量の水により、土の抵抗力が弱められて引き起こされます。がけくずれは、土砂災害のなかでは、発生件数がもっとも多く、前ぶれもなく起き、スピードもはやいため、家の近くで起きると、たくさんの人がにげおくれ、多くの死者が出てしまいます。

　前ぶれなく起きるとはいえ、がけから小石がパラパラと落ちてきたり、がけにわれ目ができたり、がけからのわき水がにごってきたりしたときには、ただちにがけからはなれましょう。

▲2015年に鹿児島県鹿児島市で起きた、がけくずれのようす。

■ 地すべり

　地面がひびわれ、建物や道路、田畑などがズルズルと動きだす現象を「地すべり」といいます。地面は、かたさや性質のちがう土や石がいくつもの層に積みかさなってできています。大雨がふり、粘土などのすべりやすい層に雨水がしみこむと、そこをさかいにして、上の地面の層がすべりおちることがあります。

　地すべりは、広いはんいにわたって起きることが多く、ゆるやかな斜面でも起きるため、たくさんの建物や道路などに被害がおよびます。ときには、地すべりによって川がせきとめられることもあり、それによって川の水があふれでると、下流で水害が起きることがあります。

　地面にひびわれができたり、地面の一部が落ちこんだり、もりあがったり、また、池や沼の水かさが急に変化したり、井戸の水がにごったりしたときには、注意が必要です。

◀2023年8月に発生した、静岡県静岡市葵区諸子沢での大規模な地すべり。

◀ 2021年7月、梅雨前線にともなう大雨により、静岡県熱海市では大規模な土石流が発生。写真は、TEC-FORCE（→p2）のドローンで撮影したもの。

■ 土石流

「土石流」は、大雨により強い水の流れが発生し、大量の土砂や岩石などが運ばれてくることで起きます。流れが急な川や沢で起きることが多く、川底や山腹の土砂や岩石などをけずり、雪だるまのように大きくなりながら、時速20kmから40kmと自動車なみのスピードで下流をおそいます。そのため、住宅や田畑などは壊滅的な被害を受け、多くの犠牲者を出すこともあります。

山鳴り（山全体がうなるような音）がしたときや、急に川の流れがにごったり、木が流されたりしたときには注意が必要です。雨がふりつづいているのに、川の水かさが減りはじめたときは、ただちに川や沢からはなれましょう＊。

砂防とは？

山地や海岸、川岸などで土砂がくずれたり、流れでたりするのを防ぐことを「砂防」という。18〜19ページで取りあげている「がけくずれ」「地すべり」「土石流」といった土砂災害を防ぐための対策も、砂防とよばれている。それぞれの具体的な対策については、つぎのとおり。

●がけくずれへの対策
がけくずれを防ぐために、くずれやすいがけの上の部分の土を取りのぞいたり、がけの表面をコンクリートなどでおおい、水がしみこまないようにしたりする工事がおこなわれている。土砂がくずれおちるのを防いだり、土砂を受けとめたりするために、がけの下にかべがつくられる場合もある。

●地すべりへの対策
地すべりへの対策としては、ふった雨が地中にしみこまないよう、しみこむ前に雨水を集めて流す水路をつくったり、しみこんだ水を取りのぞく井戸やトンネルをほったりしている。杭を深く打ちこみ、地面がすべらないようにする工事もおこなわれている。

●土石流への対策
山地から流れでる土砂の量を少なくするために木を植えたり、谷川を流れる土砂をせきとめるために「堰堤（→p30）」とよばれる堤防をつくったりしている。また、遊砂地とよばれる砂をためる施設の建設のほか、川底や川岸をけずった土砂がたまって川が浅くならないよう、川底や川岸を整備する工事もおこなわれている。

＊ 川の上流で、土砂や流木などが流れをせきとめたときに起きる現象で、やがてそれらがおしながされると、土石流が発生する。

2 水害の防災のようす

これまで見てきた川の氾濫や土砂災害などの水害から身を守るには、どうすればよいのでしょうか？　巻頭特集で紹介した国土交通省や全国の自治体の防災に関する取り組みを見ていきます。

「流域治水」という考え方

　山にふった雨が集まり、大きな流れとなって、海まで達するはんいを「流域」といいます。「流域治水」とは、流域にかかわるあらゆる関係者が協働し、山間部など上流部の地域から、平野部で洪水にみまわれることの多い氾濫域まで、流域全体を視野に入れて水害対策に取りくむという考え方です。河川の水があふれることを前提にして水をためられる場所を確保したり、氾濫の危険性が高い場所に住まないようにしたりして、水害に備えるというわけです。

　国土交通省や地方自治体は、流域治水の考え方にもとづいて、洪水を安全に流すためにダムや調整池、堤防、放水路の整備などの水害対策を積極的に進めています。

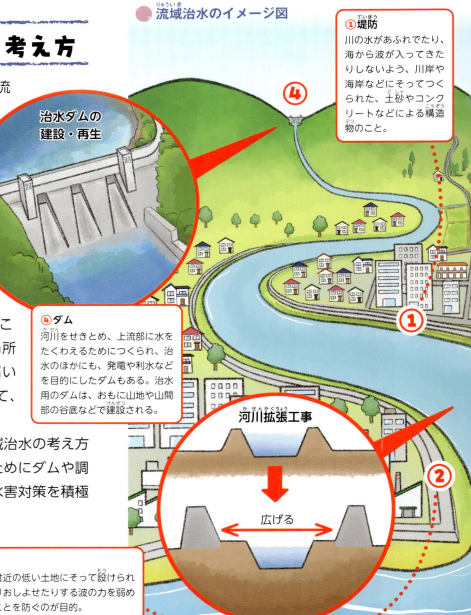

● 流域治水のイメージ図

① 堤防
川の水があふれでたり、海から波が入ってきたりしないよう、川岸や海岸などにそってつくられた、土砂やコンクリートなどによる構造物のこと。

治水ダムの建設・再生

④ ダム
河川をせきとめ、上流部に水をたくわえるためにつくられ、治水のほかにも、発電や利水などを目的にしたダムもある。治水用のダムは、おもに山地や山間部の谷底などで建設される。

河川拡張工事
広げる

② 防潮堤
高潮や津波による浸水を防ぐため、海岸線や海岸付近の低い土地にそって設けられる。高潮や津波などによって、海岸に打ちよせたりおしよせたりする波の力を弱めることで、海岸ぞいの低い土地に波が入っていくことを防ぐのが目的。

豪雨から生じるいろいろな災害

国土交通省の「川の防災情報」

　国土交通省では、全国の河川の水位や河川カメラの画像などをリアルタイムで確認できる「川の防災情報」を発表しています。市町村名や河川名、観測所名から調べられるほか、地図から検索することもできます。自分の住むまちで大雨が予想される場合は、「川の防災情報」を確認して、河川の水位上昇の変化を知り、避難行動に役立てることが重要です。

▶パソコンやスマートフォンから、全国各地の川の情報をまとめて確認できる。

出典：国土交通省　川の防災情報ホームページ

川の底をほる

③水門
川岸や堤防からあふれでた川の水が、まわりの土地を浸水するのを防ぐための構造物。高潮や津波が発生したときにとざすことで、海水の流入を防ぐ。

放水路の整備

⑤河道
川が流れる道筋のことを「河道」という。堤防がある場合は、堤防と堤防の間の区域が河道となる。

もっとくわしく

戦国時代の水害対策「霞堤」

　「霞堤」とは、河川堤防のひとつ。洪水が起こると、水は堤防の外へ流れでるが、霞堤では、ゆっくりと水が流れでるようになっているため、洪水被害を軽減することができる。水をふうじこめることは不可能であることを前提に、被害を最小限にくいとめるしくみだ。
　戦国時代の武田信玄は領内を流れる釜無川の氾濫をきっかけに「信玄堤（→左ページの写真）」という霞堤をつくった。信玄堤は、現在も活躍している。

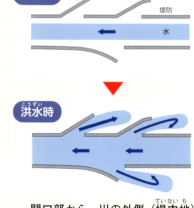

開口部から、川の外側（堤内地）に水をにがしてためることで、下流に流れる水の量を減らす。

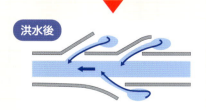

堤内地にたまった水が自然と川にもどる。

出典：国土交通省ウェブサイト「流域治水の推進」を基に作成

水害から身を守るために

全国の地方自治体は、なんらかの災害が発生したときに、危険だと思われる場所や災害時の避難場所などを地図にまとめた「ハザードマップ」をつくっています。ハザードマップは、水害や地震、津波、土砂災害など、災害の種類ごとにわかれています。国土交通省が運営するウェブサイト「重ねるハザードマップ」を利用すると、複数の災害リスクを地図上に重ねて表示ができて、べんり！　自分のまちでは、どのような災害が起こりやすいのか、ふだんから確認しておくことが大切です。

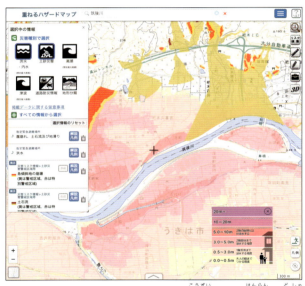

▲「重ねるハザードマップ」上で、洪水・内水氾濫と土砂災害に関する情報を重ねて表示したようす。

出典：「ハザードマップポータルサイト」

家族の防災行動計画を考えよう

ハザードマップを見ても、ただ確認しただけでは災害が起きたときにすぐに行動することができません。事前に家族で話し合い、防災行動計画（タイムライン）をつくることが、被害を防ぐうえでとても重要です。

下の①〜③は、家族で防災行動計画をつくるときのポイントです。

> ① **ハザードマップを用意する**
> ハザードマップで、自宅のある地域に起こりうる災害を確認する。洪水、内水氾濫、土砂災害など、災害の種類別にチェックする。
>
> ② **避難場所を確認する**
> 自宅周辺の避難所を確認しておくだけでなく、安全な場所（ハザードマップで色がぬられていない、かつ、周囲にくらべて土地が高く、がけのそばでない場所）に住んでいる親戚や知り合いの家も確認する。その場合、「災害時には避難させてほしい」と相談し、水や食料などの備蓄品の購入や保管について決めておくとよい。
>
> ③ **避難場所へのルートを確認する**
> 家族と避難先まで実際に歩いてみる。歩くときは、ハザードマップを持参し、道中に危険性の高い色でぬられている場所、土地が低い場所、くずれやすい地盤の場所がないか確認する。そのような場所は、実際に災害が起こった場合に水や土砂で経路がふさがれてしまう可能性があるので、別の避難先やルートを見つけておく。

出典：『今こそ知りたい！　水災害とSDGs②「水災害」に備えて〜わたしたちのできること〜』（橋本淳司、あすなろ書房）

地域で助けあう「共助」

2020年に九州、中部、東北地方を中心に発生した7月豪雨の際には、全国で死者数84人、行方不明者2人、重傷者25人という被害が出た。亡くなった人のなかには、1階建て住宅に住む高齢者・障がい者が多かったという。2階建てでも、2階ににげられない高齢者や障がい者も少なくない。

大規模な災害が発生した際には、自分の身を自分の努力によって守る「自助」だけでなく、地域の人たちが集まって、たがいに協力しながら災害をのりこえる「共助」も必要だ。実際に、阪神・淡路大震災（→1巻）では、がれきの下から救出された人のうち、約7割が家族をふくむ「自助」、約3割が近所の人などの「共助」により救出されたという報告がある。

豪雨から生じるいろいろな災害 ……

首都圏外郭放水路

下の写真は、大雨により河川が氾濫しそうになったときに備えて
つくられた「首都圏外郭放水路」です。世界最大級の洪水対策施設で、
その規模は地下50m、全長6.3km。「地下神殿」ともよばれています。

都市型水害の被害を減らす

「首都圏外郭放水路」は、緊急時に首都圏を流れる中小河川のあふれた水を大きくゆとりのある川へ流すために、日本の最先端の土木技術を結集して、2006年6月に建造されたものです。

都市には、地面が舗装されている場所が多くあります。雨水が地面にすいこまれずに排水溝に入り、下水管などを通って川に放流されます。豪雨により、排水溝から放流される水量を上まわると、排水溝や水路から水があふれて都市型水害（内水氾濫→p17）を引き起こすことがあります。

一方、川や湖沼の増水、高潮や津波によって、堤防から水があふれたり、堤防が決壊したりして、都市に水があふれることもあります（外水氾濫→p17）。

いずれの災害でも、都市で起こった場合、経済的に非常に大きな打撃を受けることになります。また、ごみの発生や衛生面の問題も出てきます。

この首都圏外郭放水路の完成により、長年洪水になやまされてきた川ぞいの地域、たとえば利根川や江戸川、荒川にかこまれた地域では、浸水する家屋の戸数や面積が大きく減少。洪水被害の軽減につながっているのです。

▶首都圏外郭放水路の「調圧水槽」。地下トンネルから流れてきた水をいったんためて、水の勢いを弱め、スムーズに排水する役割をもつ。

23

3 防災現場の最前線で働く人からのメッセージ

ここからは、台風や豪雨などから生じる災害の被害を少しでも軽減しようと、さまざまな防災のしごとをする人たちの話を聞いてみましょう。

❶ より正確な防災気象情報をとどけるために

気象庁 大気海洋部 気象リスク対策課　大塩早也香さん

気象庁では、14ページに記したようにさまざまな気象観測や天気の予報をおこなっています。そこで働く大塩早也香さんは「防災気象情報（→p15）」にかかわる業務を担当しています。

①どんなことをしているのですか？

わたしが所属する気象リスク対策課では、防災気象情報の改善や警報などの発表基準の変更、災害時の緊急対応など、防災にかかわる業務を中心におこなっています。

警報や注意報の基準作成に必要な災害の情報を取りまとめたり、大きな被害をもたらした気象事例や社会的な関心・影響が高い気象事例について、くわしくまとめた資料を作成し、公表したりしています。

◀気象庁で保存している過去の気象に関する書類を確認することも、だいじな業務のひとつ。

②大塩さんは、台風や豪雨がこわくないですか？

台風や豪雨による河川の氾濫や土砂災害などの被害のニュースを目にするたびに、とてもこわいなと感じます。ただ、台風がやってくることや大雨がふることは、天気予報などであらかじめ知ることができます。そして、自分の住んでいる地域の災害のリスクや避難場所などは、ハザードマップで確認できます。日ごろから台風や大雨による災害から身を守るための準備をしてもらいたいと思います。正しく知って、正しくおそれることが大切です。

③大塩さんは、いつもどのような思いで防災のしごとをしていますか？

気象庁から発表する警報・注意報をふくめ、さまざまな防災気象情報を活用して、災害から身を守っていただきたいと思っています。その一助となればと思いながら、日々業務にはげんでいます。

④大塩さんが、みんなにいちばんいいたいことはなんですか？

くりかえしになりますが、地震とはちがって、大雨がふることは、天気予報などであらかじめ知ることができます。気象庁では、大雨などによる災害が予想される場合には、大雨になる数日前から直前まで、段階的に情報を発表しています。どの情報が出ているときに避難をする必要があるのかなど、正しい知識を身につけて、いざというときに適切な避難行動がとれるようにしておきましょう。

▶気象に関するデータを確認する大塩さん。

❷ 首都圏を洪水から守る「防災地下神殿」

国土交通省 江戸川河川事務所　黒木和音さん

国土交通省江戸川河川事務所では、首都圏外郭放水路（→p23）の維持管理をおこなっています。台風や豪雨に備え、いつでも排水運転ができるようにしています。

①どんなことをしているのですか？

ふだんは、首都圏外郭放水路の調圧水槽やポンプをはじめ、さまざまな設備の点検結果を確認したり、修理の指示を出したりしています。大きな修理が必要な場合には、工事の発注や監督もおこないます。

②台風や豪雨が発生したときは？

台風や豪雨は、ある程度予想ができるので、施設の設備に問題が無いかどうかを事前に確認して備えています。台風や豪雨の発生時には、川のようすや天気予報を確認し、排水する必要があれば施設を動かす指令を出します。わたしたちは、排水の対応ができるように、いつでも職場に向かえるようにしています。

③黒木さんは、いつもどのような思いで防災のしごとをしていますか？

首都圏外郭放水路では、台風や豪雨がくると昼夜を問わず、職員みんなで交代しながら排水の調節をおこないます。大変な場面もありますが、住民の方がたの命やくらしを守ることに、やりがいを感じながらしごとをしています。洪水の被害が減り、住民の方がたから感謝の言葉をもらったときは、うれしかったです。

④黒木さんが、みんなにいちばんいいたいことはなんですか？

首都圏外郭放水路は、みなさんを洪水から守っていますが、自分で自分の身を守ることも大切です。家の近くの川があふれたときにどこに避難すればいいのか、避難するときに必要なものはそろっているかなど、家族と話し合って準備してほしいです。

また、首都圏外郭放水路の見学会にぜひ足を運んでみてください。この施設がどんな工夫で洪水から人びとを守っているのか、この流域のとくちょうなども学んでほしいと思います。

▲江戸川へ排水するポンプ設備の点検をおこなう黒木さん。

▲首都圏外郭放水路の「中央操作室」。ここで施設全体を監視したり、排水の指令を出したりする。

❸ 災害発生時に、いちはやく現場へかけつける

東京消防庁 即応救助隊員　池延 司さん

消防隊員のしごとは、火災現場の消火（→3巻）だけではありません。地震や豪雨などの大規模な自然災害が発生したときにも出動します。特殊車両やドローンなどを使って被害状況を把握したり、救助・救出活動をおこなったりしています。

①どんなことをしているのですか？

即応救助隊員として、火災現場や救助活動現場へいき、災害の対応にあたっています。大規模な災害が発生したときは、情報の収集と並行して、特殊な機材や車両の準備をし、いちはやく現場へ向かい、人命救助のために全力で対応します。ふだんは、機材や車両の点検・整備、災害が発生したときに備えた訓練をおこなっています。訓練の内容は、ドローンや特殊車両、ボートの操縦などさまざまです。

▲災害発生時に備えた訓練に参加する池延さん（左）。ヘルメットやゴーグルなど実際の装備を身につけておこなう。

②池延さんは、台風や豪雨がこわくないですか？

しごとをしているときは、こわくありません。災害現場では、どうやって救助するかを常に考えていて、緊張感があるのでこわいと思うひまがないのかもしれません。でも、家にいるときなど、ふとしたときに災害のニュースや映像が流れると、とてもこわいし、自分の家族がそのような災害に巻きこまれるかもしれないと思うと不安になります。

③池延さんは、いつもどのような思いで防災のしごとをしていますか？

「防災」とは読んで字のごとく、「災い（災害）」を「防ぐ」ことです。わたし自身には、自然に発生する災害を防ぐ力はありません。でも、防災の最後の砦として、災害が発生したときに「人の命を助けたい、守りたい」と強く思ってしごとをしています。

④池延さんが、みんなにいちばんいいたいことはなんですか？

火災や地震、水害などの災害が発生したとき、まずは自分の命を守る行動をしてください。自分の命がなければ、家族を助けることができなくなってしまいます。もしみなさんの大切な人が助けを求めているのであれば、わたしたちがすぐに助けに向かいます。

▲◀平成27年9月関東・東北豪雨災害では、茨城県常総市付近で大規模な氾濫が発生。池延さんの所属する緊急消防援助隊が現場にかけつけ、救助活動をおこなった。

防災現場の最前線で働く人からのメッセージ

④ みんなの「防災基礎力」を高めるために

防災科学技術研究所 社会防災研究領域災害過程研究部門　池田真幸さん

防災科学技術研究所は、地震、津波、火山、気象などの観測・調査をおこない、防災・減災のための研究開発に取りくむ国の研究機関です。研究者のひとり、池田真幸さんは、小・中学生が防災の知識を学び「防災基礎力」を身につけられる教材・学習プログラムの研究開発をおこなっています。

①どんなことをしているのですか？

わたしたちは、自然災害が起きた現場にいき、そこにくらす人びとの行動を研究しています。また、研究でわかったことを広めるため、防災教育用の教材をつくっています。いまは「YOU@RISK」という学習プログラムを開発し、実際に小学生のみなさんに学んでもらうこともあります。

②池田さんは、台風や豪雨がこわくないですか？

台風や大雨はとてもこわいです。でも、わたしは、ほかの人より少しだけこわがらないかもしれません。それは、災害が起こりそうなときには情報を集めて、どの場所がどれくらいあぶないかを調べるようにしているからです。こうすることで、必要以上にこわがったり、あぶないのにだいじょうぶだと思ってしまったりすることが少なくなります。自然災害のこわさを知り、正しくこわがることは大切です。

③池田さんが、このしごとをはじめたきっかけはなんですか？

きっかけは、2011年に起きた東日本大震災（→1巻）です。電気や水、ガスが止まり、避難所で生活するなかで沿岸のまちが大きな被害を受けたことを知り、なにかできることはないかと思いました。最初は、災害ボランティア（→p30）として参加し、その後、防災に役立つ地図システム（GIS）をつくる研究にかかわるようになりました。

④池田さんは、いつもどのような思いで防災のしごとをしていますか？

このしごとでいちばん大切にしていることは、自治体の職員や学校の先生など、防災の現場を担う人たちのしごとの役に立つことです。災害のたびに状況はちがいますが、これまでの経験や研究成果をいかし、災害対応がもっと楽になり、防災の知識が多くの人に広がるよう研究を続けています。

⑤池田さんが、みんなにいちばんいいたいことはなんですか？

防災について「面倒くさい」とか「自分には関係ない」と思う人は、多いかもしれません。でも、いまこの本を読んでいるみなさんは、災害や防災について学ぶ機会が、いまの大人たちよりもずっと多いはずです。なので、みなさんが大人になるころ、防災の知識をもち、ふだんから災害に備えることが当たり前の世の中にかわっていたらいいなと思います。

みなさんには、災害を正しくこわがりながら、無理なくむだなく備えることで、災害対応が楽になる社会をつくる力になってほしいです。そのために、いまから少しずつ知識を身につけ、防災について人と話す機会を増やしてみてください。さらに、社会を対象にした防災を研究する研究者は、まだまだ少ないのが現状です。防災に興味をもった人は、研究者という道を将来の選択肢に入れてみてください。

▲▶新潟県の小学校での「YOU@RISK」を用いた防災授業のようす。この日のテーマは「豪雨への備え」。

❺ 防災に向きあう気象予報士

日本気象協会 社会・防災事業部　平松信昭さん

日本気象協会は、一般の人びとや企業に向けて、気象に関するさまざまな情報を提供する会社です。ここで働く気象予報士の平松信昭さんは、中・長期（3日以上先）の天気予報を担当しています。

①どんなことをしているのですか？

　気象予報を通じて、台風の襲来、豪雨・豪雪の発生の可能性をできるだけはやい段階でとらえることで、人びとの安心・安全や防災行動につながる支援をしています。

　わたしの担当分野では、アンサンブル予報＊とよばれる予報手法を用いています。気象の予報には誤差がつきものですが、アンサンブル予報は現象の発生の可能性に信頼度をつけて予測するので、より効果的な情報を提供することができます。

＊将来の天気を、ひとつの予測結果でしめすのではなく、複数の予測結果を組みあわせてしめす方法。

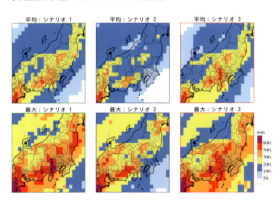

▲平松さんが提供した、台風による累積雨量の予想分布図。

②平松さんは、台風や豪雨がこわくないですか？

　むろん、わたしも恐怖を感じます。ただ、水害に対して、ある程度、恐怖を感じることは必要なことでしょう。災害では、「適切におそれる」ことが重要だといわれています。けっしてパニックにならず適切に対応する。情報を無視したり、楽観視したりすることなく対応したいと常日ごろから考えています。

③平松さんは、いつもどのような思いで防災のしごとをしていますか？

　いざというときに「大したことにはならないだろう」「だいじょうぶだろう」と、災害レベルを過小に判断するような「正常化偏見」におちいらないよう、常に意識しています。気象情報を必要とする人びとに、冷静に、判断して行動してもらえるように、わかりやすい情報をとどけることを心がけて、防災の支援をおこなっています。そのためには、いつもまわりの状況を注視し、当初の想定とちがってきたら大胆に、判断や行動を見直す勇気も重要だと思います。

④平松さんが、みんなにいちばんいいたいことはなんですか？

　「自分の命は自分で守る」、そのうえで、自分に余裕があれば、まわりの人の手助けをおこなう「自助・共助」の精神が日本社会に求められてきました。災害が多いけれども、自然豊かで環境がよい日本という国に、安全・安心に住み続けるためのひとつの心得だと思っています。

▲1か月天気予報の動画撮影の準備をする平松さん（左）。

防災現場の最前線で働く人からのメッセージ……

自然災害伝承碑を調べてみよう

「自然災害伝承碑」とは、過去に発生した津波や洪水、火山災害、
土砂災害などの自然災害の情報が記されている石碑やモニュメントです。
その多くは、当時の被災場所に建てられています。

災害の歴史を知る

2019年、国土地理院により「自然災害伝承碑」の地図記号が新たにつくられました。右の記号を地図にのせることで、その土地にくらす人びとの防災意識が高まるのではないか。こうした思いから、この地図記号が誕生したといいます。

自然災害伝承碑は、国土地理院の「地理院地図電子国土Web（https://maps.gsi.go.jp）」を使って調べることができます。

実際に、自分の住むまちに自然災害伝承碑があるかどうかを調べて、いってみるとよいでしょう。自然災害伝承碑に記された情報をもとに、当時のようすや被害の大きさを想像することは、これからやってくるかもしれない災害への備えにつながります。

下に、この本で見てきた「水害」に関する自然災害伝承碑の例を紹介します。

地図記号「自然災害伝承碑」

▲登録されている記号の数は、全国639市区町村2234基（2024年12月時点）。　国土地理院提供

● 自然災害伝承碑の例（水害の場合）

広島県広島市
平成26年8月豪雨（2014年）

「八木学区復興記念モニュメント 息を彫る2019!」

岡山県倉敷市
平成30年7月豪雨（2018年）

「平成30年7月豪雨災害の碑」

愛知県名古屋市
伊勢湾台風（1959年）

「伊勢湾台風30年記念碑」

埼玉県加須市
カスリーン台風（1947年）

「水害復旧記念碑」

茨城県常総市
平成27年9月関東・東北豪雨（2015年）

「水害復興の碑」

出典：「地理院地図電子国土Web」をもとに作成

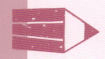
用語解説

本文中（p2〜29）に出てくる言葉のなかで、さらにくわしい解説が必要なものを掲載しています。

ドローン⋯⋯⋯⋯⋯2、3、4、5、19、26
無人の航空機のこと。飛行機やヘリコプター、飛行船の形をしたものなど、さまざまな種類がある。おもに、専用のコントローラやスマートフォン、タブレット端末などを用いて操縦する。もともとは、偵察や爆撃などの軍事用に開発されたが、小型化・低価格化が進んだことから、一般でも使用されるようになった。現在では、カメラを搭載した空撮用ドローンや、畑に農薬を散布するために薬剤タンクを搭載した産業用ドローンなど、幅広い用途で使われている。

インフラ⋯⋯⋯⋯⋯4
インフラストラクチャ（infrastructure）の略語で、電気・ガス・下水道など、わたしたちが生活をしていくうえで必要不可欠な社会・産業の基盤となる施設・設備を意味する言葉。インフラが破壊されると、わたしたちの生命にも影響がおよぶことから「ライフライン」ともよばれている。

地球温暖化⋯⋯⋯⋯⋯11
石油をはじめとする化石燃料がもえることで発生する二酸化炭素などによる温室効果で、地球全体の平均気温が上昇する現象のこと。

アメダス（地域気象観測システム）⋯⋯⋯⋯⋯14
降水量や風向・風速、気温、湿度を定時観測している、無人の観測所。降水量を観測する観測所は、全国に約1300か所（約17km間かく）ある。このうちの約840か所（約21km間かく）では、降水量に加えて、風向・風速、気温、湿度を観測しているほか、雪の多い地方の約330か所では積雪の深さも観測している。

▶福井県福井市越廼に設置されたアメダス。

ラジオゾンデ観測⋯⋯⋯⋯⋯14
気象庁では、「ゾンデ」という観測機器をゴム気球につりさげ、地上から高度約30kmまでの大気の状態を観測している。1日2回、世界各国で毎日決まった時刻（日本標準時9時・21時）に実施。上空に放たれたゴム気球は、膨張の限界に達すると破裂するが、ゾンデはパラシュートで地上に降下し、観測終了。また、ラジオゾンデ観測は、南極の昭和基地でもおこなわれている。

堰堤⋯⋯⋯⋯⋯19
河川の水をせきとめるためにつくられる堤防で、土砂災害を防ぐ役割をもつ。土石流などにより上流から流れでる土砂を受けとめ、少しずつ流すことによって下流に流れる土砂の量を調節する。

▲栃木県日光市の足尾砂防堰堤。

災害ボランティア⋯⋯⋯⋯⋯27
地震や水害、火山噴火などさまざまな災害が発生した際に、被災地で救援活動、避難生活の支援、復旧活動をおこなうボランティアの人びとのこと。1995年の阪神・淡路大震災のときに、のべ130万人の災害ボランティアが被災地にかけつけたことから、この用語が広く知られるようになった。

さくいん

あ行

アメダス（地域気象観測システム） ……… 14、30
インフラ ……………………………………… 4、30
堰堤 ……………………………………………… 19、30
大雨特別警報 …………………………………… 14

か行

外水氾濫 ………………………………………… 17、23
がけくずれ …………………………… 10、18、19
霞堤 ……………………………………………… 21
河道 ……………………………………………… 21
川の防災情報（国土交通省のホームページ） … 21
キキクル（危険度分布） ……………………… 15
気象庁 ………………………… 13、14、15、24、30
気象予報士 ……………………………………… 28
共助 ……………………………………………… 22、28
強風域 …………………………………………… 10、11
局地的大雨 ……………………………………… 12、13
ゲリラ豪雨 ……………………………………… 12、13
洪水 ……………………………… 3、10、15、16、17、20、
　　　　　　　　　　　　　21、22、23、25、29
国土交通省 ……………………… 2、3、20、21、22、25

さ行

災害ボランティア ……………………………… 27、30
砂防 ……………………………………………… 5、19
自助 ……………………………………………… 22、28
地震 ………………………… 4、5、18、22、24、26、27
地すべり ………………………………………… 18、19
自然災害伝承碑 ………………………………… 29
集中豪雨 ………………………………………… 12、13
首都圏外郭放水路 ……………………………… 23、25
水門 ……………………………………………… 21
積乱雲 …………………………………………… 10、12、13
線状降水帯 ……………………………………… 13

た行

台風 …………………… 4、5、10、11、14、15、16、17、
　　　　　　　　18、24、25、26、27、28、29

台風委員会 ……………………………………… 11

高潮 …………………………………… 17、20、21、23
ダム ……………………………………………… 4、20
地球温暖化 ……………………………………… 11、30
堤防 …………………………………… 19、20、21、23
TEC-FORCE ……………………… 2、3、4、5、19
東京消防庁 ……………………………………… 26
都市型水害 ……………………………………… 17、23
土砂災害 ……………… 4、5、15、16、18、19、
　　　　　　　　　　　22、24、29、30
土石流 …………………………………… 5、18、19、30
ドローン ……………………… 2、3、4、5、19、26、30

な行

内水氾濫 ………………………………… 17、22、23
二次災害 ………………………………………… 2
日本気象協会 …………………………………… 28

は行

排水ポンプ車 …………………………………… 5
ハザードマップ ………………………………… 22、24
氾濫 ……… 3、5、16、17、20、21、23、24、26
東日本大震災 …………………………………… 4、27
防災科学技術研究所 …………………………… 27
防災気象情報 …………………………………… 15、24
放水路 …………………………………………… 20、21
防潮堤 …………………………………………… 20
暴風域 …………………………………………… 10

ま行

目の壁雲 ………………………………………… 10

ら行

ラジオゾンデ観測 ……………………………… 14、30
流域 …………………………………… 16、17、20、25
流域治水 ………………………………………… 20

■著
稲葉　茂勝（いなば　しげかつ）
1953年、東京都生まれ。東京外国語大学卒。編集者としてこれまでに1500冊以上の著作物を担当。自著も100冊を超えた。近年子どもジャーナリスト（Journalist for Children）として活動。2019年にNPO法人子ども大学くにたちを設立し、同理事長に就任して以来「SDGs子ども大学運動」を展開している。

■編
こどもくらぶ（成田夏人）
あそび・教育・福祉の分野で子どもに関する書籍を企画・編集している。図書館用書籍として年間100タイトル以上を企画・編集している。主な作品は、「未来をつくる！　あたらしい平和学習」全5巻、「政治のしくみがよくわかる　国会のしごと大研究」全5巻、「海のゆたかさをまもろう！」全4巻、「『多様性』ってどんなこと？」全4巻、「夢か現実か　日本の自動車工業」全6巻（いずれも岩崎書店）など多数。

■デザイン
株式会社今人舎（矢野瑛子）

■DTP
株式会社今人舎（菊地隆宣）

■イラスト（p20, 21）
くまごろ

■校正
鷗来堂

■写真提供
裏表紙, p2, 3, 4, 5：国土交通省水管理・国土保全局　防災課　災害対策室
p14, 15, 24, 30：気象庁
p18：鹿児島県土木部砂防課, 静岡市
p25：国土交通省関東地方整備局江戸川河川事務所
p26：東京消防庁
p27：国立研究開発法人防災科学技術研究所
p28：日本気象協会

■写真協力
表紙：haku / PIXTA（ピクスタ）
表紙, p16：MediaFOTO / PIXTA（ピクスタ）
p11：写真：ロイター / アフロ
p12：まちゃー / PIXTA（ピクスタ）
p17, 19：提供：国交省 TEC-FORCE によるドローン映像
p17：pierreken / PIXTA（ピクスタ）

■参考資料
p27：防災科学技術研究所ウェブサイト「YOU@RISK」

この本の情報は、2024年12月までに調べたものです。今後変更になる可能性がありますので、ご了承ください。

専門家たちが語る　防災意識を高める本　②豪雨と水害

2025年3月31日　第1刷発行

著　　稲葉茂勝
編　　こどもくらぶ
発行者　小松崎敬子
発行所　株式会社 岩崎書店　〒112-0014　東京都文京区関口2-3-3 7F
　　　　電話　03-6626-5080（営業）
　　　　　　　03-6626-5082（編集）
印刷所　株式会社精興社　　　製本所　株式会社若林製本工場

NDC369

32p 29cm×22cm
ISBN978-4-265-09228-4

©2025 Inaba Shigekatsu
Published by IWASAKI Publishing Co., Ltd. Printed in Japan.
岩崎書店ホームページ　https://www.iwasakishoten.co.jp
ご意見、ご感想をお寄せ下さい。E-mail　info@iwasakishoten.co.jp
落丁本、乱丁本は送料小社負担でおとりかえいたします。
本書のコピー、スキャン、デジタル化等の無断複製は著作権法上での例外を除き禁じられています。本書を代行業者等の第三者に依頼してスキャンやデジタル化することは、たとえ個人や家庭内での利用であっても一切認められておりません。朗読や読み聞かせ動画の無断での配信も著作権法で禁じられています。

専門家たちが語る 防災意識を高める本

著・**稲葉茂勝** 子どもジャーナリスト

編・**こどもくらぶ**

全3巻

1 地震と津波
2 豪雨と水害
3 火山と火災